BRUNE
ET
BLONDE.

ALMANACH
CHANTANT
POUR LA PRÉSENTE ANNÉE.

Paris,
STAHL, Imprim.-Libraire,
33, QUAI NAPOLÉON.

Brune et Blonde.

CHANSONNETTE.

Non, ce n'est plus une blonde
Qui sait me charmer,
Depuis que j'ai vu sur l'onde
La fille à Piétro ramer.

Plus d'un seigneur de Venise,
S'il voyait Antonia,
Belle sous sa mante grise,
Perdrait tout l'esprit qu'il a.
Il donnerait (bis) sa fortune,
Son blason et ses palais,
Pour être aimé de ma brune
Qui va jetant ses filets.
Non, etc.

Plus d'une Napolitaine,
De celles qui sont le mieux,
Envierait le noir d'ébène
Et la douceur de ses yeux.
Elles donneraient (bis) chacune
Leurs diamans les plus beaux,

Pour ressembler à ma brune
Qui va ramant sur les eaux.
Non, etc.

   Plus d'un cardinal de Rome
Donnerait, sans contredit,
La pourpre que l'on renomme
Pour être moi, moi bandit.
Car tous les soirs sur la brune,
La fille à Piétro (bis) m'attend,
Mon Antonia, ma brune,
Ma brune qui m'aime tant.

La Jolie Fille de Naples.

Air de la Mouche qui pique.

Les sons de ta harpe docile,
Ceux de ta voix tendre et facile,
Enchanteraient tous les mortels.
—A vos discours point ne me fie,
Beau Seigneur, je me sacrifie,
Mais au souverain des autels.   BIS.

—Blanche, blanche,
Crois à l'amour que tu m'inspire,
Cède, belle ange, à mon délire,
Enivrons-nous,
Enivrons-nous d'amour,
D'amour pur et doux.

Avant d'être ma fiancée
Que du désir de ma pensée
Ton âme comprenne les vœux !
—Blanche, blanche, etc.

Si tu veux n'être plus cruelle,
Vois cet anneau, ma toute belle,
Et tous ces châtons éclatans.

—Beau Seigneur, gardez vos parures,
Il est des passions plus pures
Qui me charmeront plus long-temps.
   —Blanche, blanche, etc.

Ma belle, adjure l'antienne,
Je préfère une Plébéienne
A nos courtisanes de cour.
Depuis ce jour à la fontaine
Une jeune Napolitaine
Ecoute ces propos d'amour.
   Blanche, blanche, etc.

                 Benoit GILET.

La Cardeuse de Matelats.

Air de l'Aveugle de Bagnolet.

Jadis, sur la place du Caire,
Une cardeuse aux cheveux blancs,
Trop vielle pour chercher à plaire,
Contait ses souvenirs brûlans.   *bis.*
Elle disait à la jeunesse,
Avec un reste de tendresse :
Amans heureux, n'oubliez pas
Que Vénus aime la molesse,
Amans heureux, n'oubliez pas
La cardeuse de matelas.   *bis.*

A quinze ans l'état que j'exerce
Me remplit d'une vive ardeur ;
J'aimais un homme de commerce
Que je quittai pour un cardeur.
Je fis en entrant en ménage
Un excellent apprentissage.
Amans heureux, n'oubliez pas
Qu'on me fêta sur mon ouvrage,
Amans, etc.

Le tems n'est plus où la noblesse
Se livrait aux joyeux ébats,
Où l'on faisait une duchesse
En défaisant un matelat.
Avant le siècle des lumières,
Le métier manquait d'ouvrières,
Amans heureux, n'oubliez pas
Qu'il est de belles roturières.
Amans, etc.

Naguère, en chantant la verdure,
Dans les despotiques transports,
On faisait l'amour sur la dure
Aux sons des champêtres accords.
Si votre voix douce et légère,
Séduit quelque jeune lingère,
Amans heureux, n'oubliez pas
Qu'un lit vaut mieux que la fougère.
    Amans, etc.

Ça n' mange pas d' pain,
GAUDRIOLLE.

Chacun sait que d' la sage Minerve
Jupiter sortit du cerveau,
Moi j'ai beau consulter ma verve,
Elle ne m'produit rien d' sage ni d'beau,
Rien enfin dans l' bon numéro.
D'mauvais couplets j'enrage d'êtr' père,
Mais j'dis, r'prenant la plume en main :
Ces enfans-là ça n' coûte qu'à faire,
Ça n' mange pas d' pain.   (4 fois.)

Vas, crois-moi, quitte l'aiguille,
Disait Adèle à Lise, un jour,
T'as seize ans, t'es fraîche et gentille,
Prête un peu l'oreille à l'amour,
De vieux rentiers te f'ront la cour ;
Car, quoiqu'tu sois ben laborieuse,
Tu dois juger à ton p'tit gain.
Que d'nos jours un' fill' vertueuse
Ça, etc.

Un jour, dans une compagnie
Un gros boulanger se trouvait,

On raisonnait géographie,
Des sauvages quelqu'un traçait
L' tableau, les mœurs, le portrait :
Ces peuples-là c'est rien qui vaille,
L'Cafre, l'Iroquois, l'Alconquin,
Tous ces gens-là c'est d' la canaille.
Ça, etc.

 Quelqu'un aurait t'y d' la vermine,
L' vent m'a soufflé mon animal,
Disait, un soir en f'sant la mine,
Le possesseur original
D'un microscope sans égal?
Un chiffonnier dit : pas d' bétise !
En v'là z'un : paie un coup d'brand'vin
Ou si non j'le r'mets dans ma ch'mise,
Ça, etc.

Non, je ne valse pas.

CHANSONNETTE.

Non, je ne valse pas
Et je vous remercie,
Puisqu'on veut que j'oublie
Ce plaisir plein d'appas.
Ma tante observe tous mes pas,
La valse lui déplait;
Je suis obéissante,
J'obéis à ma tante,
Non monsieur je ne valse pas.
Quel ennui, quel chagrin,
Il faut, quand on m'invite,
Refuser au plus vite,
Moi qui valse si bien.
Cette danse, et vive et joyeuse,
Que l'on nous défend à seize ans,
Je le vois par mainte valseuse,
On le permet aux grand'mamans, BIS.
Non je ne valse pas.

— 12 —

Voyez donc cette femme énorme,
Entraînant mon petit cousin,
Il faut la mettre à la réforme,
Ils vont tomber, c'est bien certain. BIS.

Plus loin, la grotesque tournure!
Je crois qu'en province on est mieux,
Que du moins elle aille en mesure,
Car à Paris c'est scandaleux !

D'un notaire voici l'épouse,
Bien que ses yeux soient de travers,
Elle danse et valse pour douze,
Grâce au dévoûment de ses clercs.

Le Vieux Vagabond.

Dans ce fossé cessons de vivre,
Je finis, vieux, infirme et las;
Les passans vont dire : il est ivre :
Tant mieux ! ils ne me plaindront pas.
J'en vois qui détournent la tête,
D'autres me jettent quelques sous;
Courez vîte, allez à la fête !
Vieux vagabond, je puis mourir sans vous

Oui je meurs ici de vieillesse,
Parce qu'on ne meurt pas de faim;
J'espérais voir de ma détresse
L'hôpital adoucir la fin ;
Mais tout est plein dans chaque hospice,
Tant le peuple est infortuné.
La rue, hélas ! fut ma nourrice,
Vieux vagabond, mourrons où je suis né

Aux artisans, dans mon jeune âge,
J'ai dit : qu'on m'enseigne un métier !
Va, nous n'avons pas trop d'ouvrage,
Répondaient-ils, va mendier.

Riches, qui me disiez : travaille !
J'eus bien des os de vos repas.
J'ai bien dormi sur votre paille.
Vieux vagabond, je ne vous maudis pas.

J'aurais pu voler, moi, pauvre homme
Mais, non, vaut mieux tendre la main.
Au plus, j'ai dérobé la pomme
Qui mûrit au bord du chemin.
Vingt fois pourtant ou me verrouille
Dans les cachots, de par la loi,
De mon seul bien on me dépouille,
Vieux vagabond, le soleil est à moi.

Le pauvre a-t-il une patrie ?
Que me font vos vins et vos blés,
Votre gloire et votre industrie,
Et vos orateurs assemblés ?
Dans vos murs, ouverts à ses armes,
Lorsque l'étranger s'engraissait,
Comme un sot j'ai versé des larmes.
Vieux vagabond, sa main me nourrissait

Comme un insecte fait pour nuire,
Hommes, que ne m'écrasiez-vous !
Ah ! plutôt vous deviez m'instruire
A travailler au bien de tous.

Mis à l'abri du vent contraire,
Le ver fut devenu fourmi ;
Je vous aurais chéri en frère.
Vieux vagabond, je meurs votre ennemi.

Zoé abandonnée.

A l'ombre d'un tilleul en fleurs,
Sous le beau ciel de la Florence,
Zoé, les yeux baignés de pleurs,
Chantait sa plaintive romance :
Petits oiseaux, cessez vos chants d'a-
    mour,
Celui que j'aime est loin de ce séjour.

Il a quitté ces doux climats,
Fidèle à la voix de la gloire.
    Zoé ne peut, hélas !
Le suivre au champ de la victoire.
Petits, etc.

Hélas ! Zoé ne chante plus,
Elle a fini sa plaintive romance.
    L'écho ne répond plus :
Adieu bonheur, adieu constance.
Petits oiseaux, etc.

Le Pâtre orphelin.

Voici la nuit qui va descendre,
Les troupeaux couvrent le chemin,
Le chant du soir se fait entendre ;
Je reste seul, pauvre orphelin.
Oh ! pâtres, quittez vos bruyères,
Ce que vous aimez, que vous aimez,
L'on vous attend là-bas dans vos chau-
　　　　mières ;
Allez, allez, moi l'on ne m'attend pas.

Moi souffrant et pauvre, mon âme,
Sans amour, doit se consumer.
Jamais un doux regard de femme
Ne me dira : veux-tu m'aimer ?
　　Oh ! pâtres, etc.

Hélas ! demain jusqu'à l'aurore
Je reste seul et sans espoir ;
Demain vous entendrez encore
Mon chant plaintif de chaque soir.
　　Oh ! pâtres, etc.

1837.

Calendrier

GRÉGORIEN,

AVEC LES DEPARTS ET ARRIVEES
DES
BATEAUX A VAPEUR DE LA SEINE.

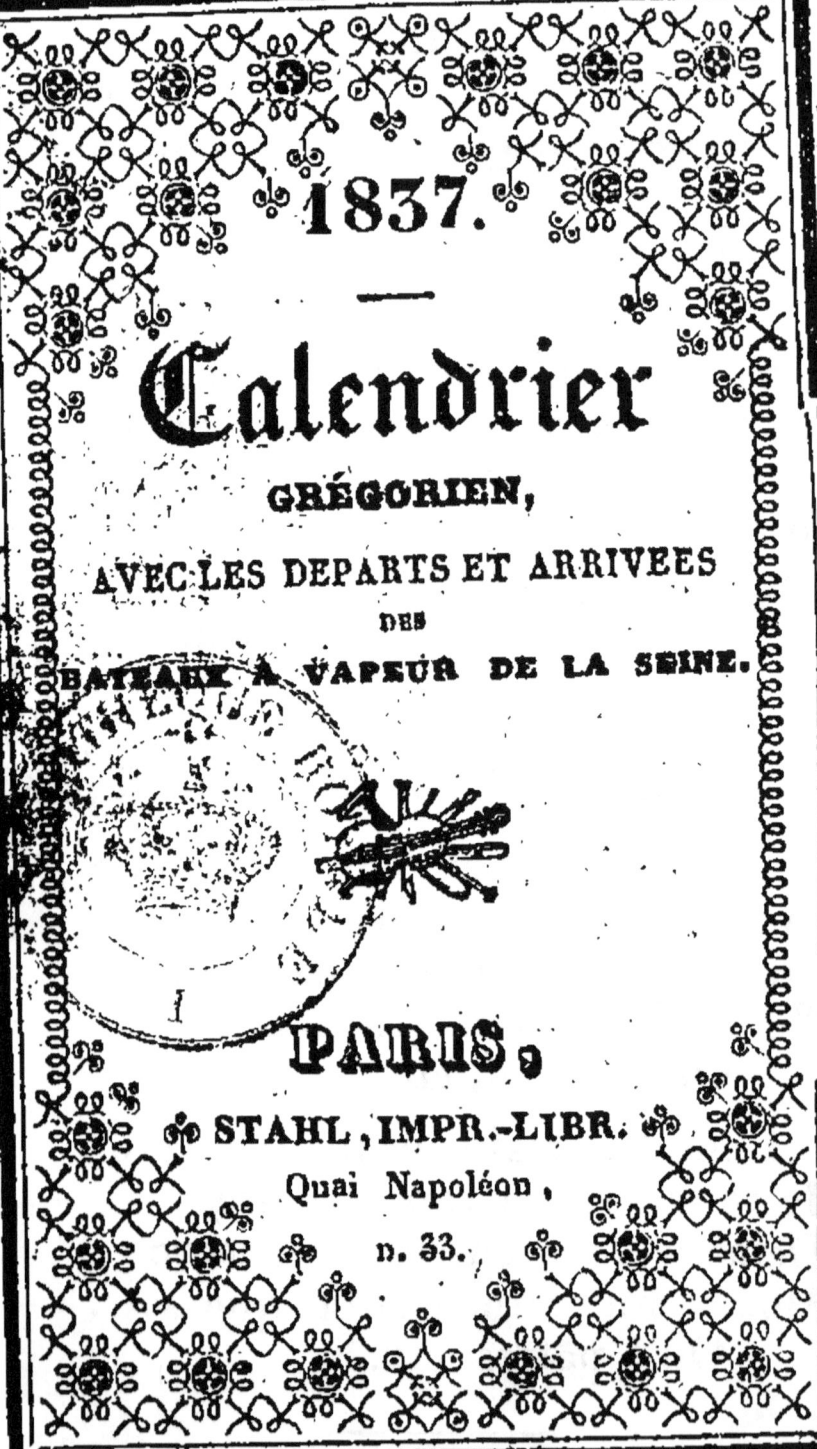

PARIS,
STAHL, IMPR.-LIBR.
Quai Napoléon,
n. 33.

ARTICLES PRINCIPAUX
DE
L'Annuaire pour 1837.

Année de la période Julienne............6550
Année de la fondation de Rome, selon Varron 2590.
  L'année 1252 des Turcs commence le 18 avril 1836, et finit le 6 avril 1837; selon l'usage de Constantinople, d'après l'art de vérifier les dates.
  L'année 2613 des Olympiades, ou la première de la 654.e Olympiade commence en juillet 1837.

Comput ecclésiastique.	Quatre Temps.
Nombre d'or en 1837 14	Février, 15, 17 et 18.
Épacte......XXIII	Mai, 17, 19 et 20.
Cycle solaire.....26	Septembre, 20, 22 et 23.
Indiction romaine..10	Décembre, 20, 22 et 23.
Lettre dominicale...A	

FÊTES MOBILES.

Septuagésime, 22 janvier.
Les Cendres, 8 février.
Pâques, 26 mars.
Les Rogations, 1, 2 et 3 mai.
Ascension, 4 mai.
Pentecôte, 14 mai.
La Trinité, 21 mai.
La Fête-Dieu, 25 mai.
Premier dimanche de l'Avent, 3 décembre.

SAISONS.

Le Printems, le 20 mars, à 7 h. 53 m.
L'Eté, le 21 juin, à 4 h. 47 m.
L'Automne, le 22 septembre, à 18 h. 42 m.
L'Hiver, le 21 décembre, à 12 h. 0 m.

SIGNES DU ZODIAQUE.

♈ Bélier.	♎ Balance.
♉ Taureau.	♏ Scorpion.
♊ Gémeaux.	♐ Sagittaire.
♋ Ecrevisse.	♑ Capricorne.
♌ Lion.	♒ Verseau.
♍ Vierge.	♓ Poissons.

ÉCLIPSES.

Le 5 avril, éclipse de soleil invisible à Paris.
Le 20 avril, éclipse totale de lune visible à Paris.
Commencement à 6 h. 58 m. du soir.
Milieu à 49
Fin de l'éclipse à . 10 41
Le 4 mai, éclipse de soleil invisible à Paris.
Le 15 octobre, éclipse totale de lune visible à Paris.
Commencement à 9 h. 59 m. du soir.
Milieu à 11 26
Fin de l'éclipse à 1 12

Le 29 octobre, éclipse de soleil invisible à Paris.

JANVIER, LE VERSEAU.

Le soleil entre dans le verseau, le 19, à 11 h. 9 minutes.

J	Jour	Saint	J. de lune	Phases de la lune	Midi vrai h. m.
1	Dim	Circoncision	24		0 3
2	lundi	s. Basile	25		0 4
3	mard	ste. Geneviève	26	●	0 4
4	merc	s. Rigobert	27		0 5
5	jeudi	s. Siméon	28	N. L.	0 5
6	vend	Epiphanie	29	le 6 à 11	0 6
7	sam	s. Théau	1	h. 56 m.	0 6
8	1 D	s. Lucien	2	du soir.	0 7
9	lundi	s. Julien	3		0 7
10	mard	s. Guillaume	4		0 7
11	merc	ste. Théodose	5	☽	0 8
12	jeudi	s. Arcade	6	P. Q.	0 8
13	vend	Baptême de N.-S.	7	le 13 à 5	0 9
14	sam	s. Hilaire	8	h. 21 m.	0 9
15	2 D	s. Maur, abbé	9	du soir.	0 9
16	lundi	s. Marcel	10		0 10
17	mard	s. Antoine	11		0 10
18	merc	Chaire s. Pierre à R.	12	○	0 10
19	jeudi	s. Sulpice	13	P. L.	0 11
20	vend	s. Sébastien	14	le 21 à 7	0 11
21	sam	ste. Agnès	15	h. 54 m.	0 11
22	Dim	Sept. s. Vincent	16	du soir.	0 11
23	lundi	s. Ildefonse	17		0 12
24	mard	s. Babylas	18		0 12
25	merc	Conversion de s. Paul	19	☾	0 12
26	jeudi	s Polycarpe	20	D. Q.	0 12
27	vend	s. Jean Chrisostome	21	le 29 à 6	0 13
28	sam	s. Charlemagne	22	h. 40 m.	0 13
29	Dim.	Sex. s. Franç. de S.	23	du soir.	0 13
30	lundi	ste. Batilde	24		0 13
31	mard	ste. Marcelle	25		0 13

FÉVRIER, LES POISSONS.)(

Le soleil entre dans les poissons, le 18, à 7 h. 31 minutes.			J. de lune	Phases de la lune	MIDI vrai. h. m
2	merc	s. Ignace	26		0 13
2	jeudi	PURIFICATION	27		0 14
3	vend	s. Blaise	28	●	0 14
4	sam	s. Philéas	29	N. L.	0 14
5	Dim.	Quinq. ste. Agathe	1	le 5 à 10	0 14
6	lundi	ste. Dorothée	2	h. 17 m.	0 14
7	mard	s. Romuald	3	du mat.	0 14
8	merc	Cendres s. J. de M.	4		0 14
9	jeudi	ste. Appoline	5		0 14
10	vend	ste. Scholastique	6	☽	0 14
11	sam	s. Séverin, abbé	7	P. Q.	0 14
12	1 D	Quad. ste. Eulalie	8	le 12 à 9	0 14
13	lundi	s. Lézin	9	h. 48 m.	0 14
14	mard	s. Valentin	10	du mat.	0 14
15	merc	s. Faustin	11		0 14
16	jeudi	ste. Julienne	12		0 14
17	vend	s. Sylvain	13	○	0 14
18	sam	s. Siméon	14	P. L.	0 14
19	2 D.	Rem. s. Gabin	15	le 20 à 2	0 14
20	lundi	s. Eucher	16	h. 55 m.	0 14
21	mard	s. Pépin	17	du soir.	0 15
22	merc	s. Damien	18		0 13
23	jeudi	Ch. de s. Pierre vj.	19	☾	0 13
24	vend	s. Mathias	20		0 13
25	sam	s. Taraise	21	D. Q.	0 13
26	3 D	Oculi. s. Alexis	22	le 28 à 5	0 13
27	lundi	ste. Colette	23	h. 40 m	0 12
28	mard	s. Romain	24	du mat.	0 12

MARS, LE BÉLIER. ♈

Le soleil entre dans le bélier, le 20, à 7 h. 55 minut. *Printemps.*

			L. de lune	Phases de la lune	MIDI vrai h. m.
1	merc	s. Aubin	25		0 12
2	jeudi	s. Simplice	26		0 12
3	vend	ste. Cunegonde	27	◉	0 12
4	sam	s. Casimir	28	N. L.	0 11
5	4 D	*Let.* s. Drausin	29	le 6 à 8	0 11
6	lundi	ste. Colette	30	h. 53 m.	0 11
7	mard	s. Thomas d'Aquin	1	du soir.	0 11
8	merc	s. Jean de D.	2		0 11
9	jeudi	ste. Françoise	3		0 10
10	vend	ste. Doctrovée	4	◐	0 10
11	sam	*Les 40 Martyrs*	5		0 10
12	Dim	La Passion	6	P. Q.	0 9
13	lundi	ste. Euphrasie	7	le 14 à 4	0 9
14	mard	s. Lubin	8	h. 17 m.	0 9
15	merc	s. Longin	9	du mat	0 9
16	jeudi	s. Cyriaque	10		0 8
17	vend	ste. Gertrude	11		0 8
18	sam	s. Edouard	12	◯	0 8
19	Dim	*Les Rameaux*	13	P. L.	0 7
20	lundi	s. Joachim	14	le 22 à 7	0 7
21	mard	s. Benoît	15	h. 5 m.	0 7
22	merc	ste Lée	16	du mat.	0 7
23	jeudi	s. Victorien	17		0 6
24	vend	*Vendredi Saint*	18		0 6
25	sam	Annonciation	19	◑	0 6
26	Dim	**PAQUES**	20	D. Q.	0 5
27	lundi	s. Romain	21	le 29 à 1	0 5
28	mard	s. Gontran	22	h. 26 m.	0 5
29	merc	s. Eustase	23	du soir.	0 4
30	jeudi	s. Ricule	24		0 4
31	vend	s. Balbine	25		0 4

AVRIL, LE TAUREAU. ♉

Le soleil entre dans le taureau le 19 à 19 h. 52 minutes.

			J. de lune	Phases de la lune	MIDI vrai. h. m.
1	sam	s. Vulfran	26		0 3
2	1 D	Quasimodo	27		0 3
3	lund.	s. Richard	28	●	0 3
4	mard	s. Ambroise	29	N.L.	0 3
5	merc	s. Albert	1	le 5 à 7	0 2
6	jeudi	ste Prudence	2	h. 29 m.	0 2
7	vend	s. Egésipe	3	du mat.	0 2
8	sam	s. Perpet	4		0 1
9	2 D	ste. Marie Egypt.	5		0 1
10	lundi	s. Macaire	6	☽	0 1
11	mard	s. Léon, p.	7	P. Q	0 1
12	merc	s. Jules	8	le 12 à 11	0 0
13	jeudi	s. Justin	9	h. 23 m.	0 0
14	vend	s. Tiburce	10	du soir.	0 0
15	sam	s. Paterne	11		0 0
16	3 D	s. Fructueux	12		11 59
17	lundi	s. Parfait	13	○	11 59
18	mard	s. Anicet	14	P. L.	11 59
19	merc	s. Elphège	15	le 20 à 8	11 59
20	jeudi	ste. Agnès	16	h. 49 m.	11 58
21	vend	s. Anselme	17	du soir.	11 58
22	sam	ste. Opportune	18		11 58
23	4 D	s. Georges	19	☾	11 58
24	lundi	s. Robert	20		11 58
25	mard	s. More	21	D. Q.	11 57
26	merc	s. Clet	22	le 27 à 7	11 57
27	jeudi	s. Polycarpe	23	h. 6 m.	11 57
28	vend	s. Vidal	24	du soir.	11 57
29	sam	s. Pierre	25		11 57
30	5 D	s. Eutrope	26		11 57

MAI, LES GÉMEAUX.

Le soleil entre dans les gémeaux le 20 à 20 h. 8 minutes.

			J. de lune	Phases de la lune	MIDI vrai. h. m.
1	lundi	Rog. s. PHILIPPE	27		11 56
2	mard	s. Athanase	28		11 56
3	mere	Invent. de la se Croix	29	●	11 56
4	jeudi	ASCENSION	30		11 56
5	vend	s. Hilaire	1	N. L.	11 56
6	sam	s. Jean porte latine	2	le 4 à 7	11 56
7	5 D	s. Stanislas	3	h. 11 m.	11 56
8	lundi	s. Désiré	4	du soir.	11 56
9	mard	s. Grégoire	5		11 56
10	mere	s. Antonin	6		11 56
11	jeudi	s. Mamert	7	☽	11 56
12	vend	s. Néré	8	P. Q.	11 56
13	sam	s. Servais	9	le 12 à 5	11 56
14	Dim	PENTECO	10	h. 49 m.	11 56
15	lundi	s. Isidore	11	du soir.	11 56
16	mard	s. Honoré	12		11 56
17	mere	s. Pascal	13		11 56
18	jeudi	s. Eric	14	○	11 56
19	vend	s. Yves	15	P L.	11 56
20	sam	s. Bernardin	16	le 20 à 7	11 56
21	1 D	La Trinité	17	h. 37 m.	11 56
22	lundi	ste Julie	18	du mat.	11 56
23	mard	s. Didier	19		11 56
24	mere	s. Donatien	20		11 56
25	jeudi	Fête-Dieu	21	☾	11 56
26	vend	s. Phil. du N.	22	D. Q.	11 56
27	sam	s. Jean	23	le 27 à 0	11 56
28	2 D	s. Germain	24	h. 11 m.	11 56
29	lundi	s. Maximin	25	du mat.	11 57
30	mard	ste. Emilie	26		11 57
31	mere	ste. Petronille	27		11 57

JUIN, L'ÉCREVISSE.

Le soleil entre dans l'écrevisse le 20 à 4 h 47 min. Été.			jours de lune	Phases de la lune	MIDI vrai. h. m.
1	jeudi	s. Thierri	28		11 57
2	vend	s. Pamphile	29		11 57
3	sam	ste. Clotilde	1	●	11 57
4	3 D	s. Quirin	2	N. L.	11 57
5	lundi	s. Boniface	3	le 3 à 7	11 58
6	mard	s. Claude	4	h. 53 m.	11 58
7	merc	s. Mériadec	5	du mat.	11 58
8	jeudi	s. Médard	6		11 58
9	vend	s. Prime	7		11 58
10	sam	s. Landrin	8	☽	11 59
11	4 D	s. Barnabé	9		11 59
12	lundi	s. Onuphre	10	P. Q.	11 59
13	mard	s. Antoine de P.	11	le 11 à 10	11 59
14	merc	s. Basle	12	h. 30 m.	11 59
15	jeudi	s. Abraham	13	du mat.	0 0
16	vend	s. Fargeau	14		0 0
17	sam	s. Avit	15	○	0 0
18	5 D	ste. Marine	16	P. L.	0 0
19	lundi	s. Gervais s. Protais	17	le 18 à 4	0 0
20	mard	s. Silvère	18	h. 1 m.	0 1
21	merc	s. Leufroi	19	du soir.	0 1
22	jeudi	s. Paulin	20		0 1
23	vend	s. Andri V. J.	21		0 1
24	sam	s. Jean-Baptiste	22	☾	0 1
25	6 D	s. Prosper	23	D. Q.	0 2
26	lundi	s. Babolein	24	le 25 à 6	0 2
27	mard	s. Crescent	25	h. 9 m.	0 2
28	merc	s. Irénée V. J.	26	du mat.	0 2
29	jeudi	s. Pierre s. Paul	27		0 2
30	vend	Comm. de s. Paul	28		0 3

JUILLET, LE LION. ♌

Le soleil entre dans le lion le 22 à 15 h. 42 minutes.

			lune	PHASES de la lune	MIDI vrai	
					h.	m
1	sam	s. Gal	29		0	3
2	7 D	Visitat. de la Vierge	30	●	0	3
3	lundi	s. Phocas	1		0	3
4	mard	Transl. de s. Martin	2	N. L	0	3
5	merc	ste. Zoé	3	le 2 à 9	0	4
6	jeudi	s. Tranquillin	4	h. 39 m	0	4
7	vend	ste. Aubierge	5	du soir.	0	4
8	sam	s. Kilien	6		0	4
9	8 D	sté. Cyrille	7		0	4
10	lundi	ste. Félicité	8	☽	0	4
11	mard	Transl. s. Benoît	9	P. Q.	0	5
12	merc	s Gualbert	10	le 11 à 1	0	5
13	jeudi	s. Eugène	11	h. 19 m	0	5
14	vend	s. Bonaventure	12	du mat.	0	5
15	sam	s. Henri	13		0	5
16	9 D	Notre Dame de M.C.	14		0	5
17	lundi	s. Alexis	15	○	0	5
18	mard	s. Clair	16	P. L.	0	5
19	merc	s Vincent de Paul	17	le 17 à 11	0	5
20	jeudi	ste. Marguerite	18	h. 0 m.	0	5
21	vend	s. Victor	19	du soir.	0	6
22	sam	ste. Madeleine	20		0	6
23	10 D	s. Apollinaire	21		0	6
24	lundi	ste. Christine v.j.	22	☾	0	6
25	mard	s. Jacques	23		0	6
26	merc	ste. Anne	24	D. Q.	0	6
27	jeudi	s. Pantaléon	25	le 24 à 2	0	6
28	vend	s. Nazaire	26	h. 10 m.	0	6
29	sam	ste. Marthe	27	du soir.	0	6
30	11 D	s. Abdon	28		0	6
31	lundi	s. Ignace Loyola	29		0	6

AOUT, LA VIERGE. ♍

Le soleil entre dans la vierge le 22 à 22 h. 8 minutes.

			L. de lune	Phases de la lune	MIDI vrai. h. m.
1	mard	s. Pierre aux liens	30	●	0 5
2	merc	s. Etienne	1		0 5
3	jeudi	Invent. St. Etienne	2	N. L.	0 5
4	vend	s. Dominique	3	le 1 à 0	0 5
5	sam	s Yon	4	h. 29 m.	0 5
6	12 D	Transfig. N.S.J-C.	5	du soir.	0 5
7	lundi	s. Gaëtan	6		0 5
8	mard	s. Justin	7	☽	0 5
9	merc	s. Spire v.j	8	P. Q.	0 5
10	jeudi	s. Laurent	9	le 9 à 1	0 5
11	vend	ste. Susanne	10	h. 31 m.	0 4
12	sam	ste. Claire	11	du soir.	0 4
13	13 D	s. Hippolyte	12		0 4
14	lundi	ste. Athanasie v.j.	13	○	0 4
15	mard	**ASSOMPTION**	14	P. L.	0 4
16	merc	s. Simplicien	15	le 16 à 5	0 4
17	jeudi	s. Mamès	16	h. 48 m.	0 3
18	vend	ste. Hélène	17	du mat.	0 3
19	sam	s. Timothée	18		0 3
20	14 D	s. Bernard	19	☾	0 3
21	lundi	s. Privat	20	D. Q.	0 2
22	mard	s. Symphorien	21	le 23 à 1	0 2
23	merc	s. Sidoine v j.	22	h. 25 m.	0 2
24	jeudi	s. Barthélemi	23	du mat.	0 2
25	vend	s Louis, roi	24		0 1
26	sam	s. Zéphirin	25	●	0 1
27	15 D	s. Césaire	26	N.L.	0 1
28	lundi	s. Augustin	27	le 31 à 4	0 1
29	mard	Décoll. s.Jean-Bapt.	28	h. 10 m.	0 0
30	merc	s. Fiacre	29	du mat	0 0
31	jeudi	s. Ovide	1		0 0

SEPTEMBRE, LA BALANCE. ♎

			lune	Phases de la lune	MIDI vrai. h. m.
1	vend	s. Leu s. Gilles	2		11 59
2	sam	s. Lazare	3	☽	11 59
3	16 D	s. Grégoire	4	P. Q.	11 59
4	lundi	ste. Rosalie	5	le 7 à 11	11 58
5	mard	s. Bertin	6	h. 21 m.	11 58
6	merc	s. Onésiphor	7	du soir.	11 58
7	jeudi	s. Cloud	8		11 57
8	vend	*Nativité ste. Vierge*	9		11 57
9	sam	s. Omer	10		11 57
10	17 D	s. Nicolas	11	○	11 56
11	lundi	s. Patient	12	P. L.	11 56
12	mard	s. Guy	13	le 14 à 1	11 56
13	merc	s. Aimé	14	h. 57 m.	11 55
14	jeudi	*Exaltat. ste. Croix*	15	du soir.	11 55
15	vend	s. Nicomède	16		11 55
16	sam	s. Cyprien	17		11 54
17	18 D	s. Lambert	18	☾	11 54
18	lundi	ste. Sophie	19		11 54
19	mard	s. Janvier	20	D. Q.	11 53
20	merc	s. Eustache v. j. 4 T	21	le 21 à 4	11 53
21	jeudi	s. Mathieu	22	h. 4 m.	11 53
22	vend	s. Maurice	23	du soir.	11 52
23	sam	ste. Thècle	24		11 52
24	19 D	s. Gérard	25		11 51
25	lundi	s. Firmin	26	●	11 51
26	mard	ste. Justine	27	N. L.	11 51
27	merc	s. Côme s. Damien	28	le 29 à 8	11 50
28	jeudi	s. Wenceslas	29	h. 12 m.	11 50
29	vend	s. Michel	30	du soir.	11 50
30	sam	s. Jérôme	1		11 49

Le soleil entre dans la balance le 22 à 18 h. 42 m. *Automne.*

OCTOBRE, LE SCORPION. ♏

Le soleil entre dans le scorpion le 23 à 2 h. 48 minutes.

			J. de lune	Phase de la lune	MIDI vrai. h. m.
1	20 D	s. Remi	2		11 49
2	lundi	ste Angélique	3	☽	11 49
3	mard	s. Cyprien	4	P.Q.	11 49
4	mere	s. François d'Assise	5	le 7 à 7	11 48
5	jeudi	ste. Placide	6	h. 22 m.	11 48
6	vend	s. Bruno	7	du mat.	11 48
7	sam	s. Serge	8		11 47
8	21 D	ste. Brigitte	9		11 47
9	lundi	s. Denis	10	☻	11 47
10	mard	s. Gerbonney	11	P.L.	11 47
11	mere	s. Nicaise	12	le 13 à 11	11 46
12	jeudi	s. Wilfride	13	h. 24 m.	11 46
13	vend	s. Edouard	14	du soir.	11 46
14	sam	s. Caliste	15		11 46
15	22 D	ste. Thérèse	16		11 45
16	lundi	s. Gal	17		11 45
17	mard	ste. Heduvige	18	☾	11 45
18	mere	s. Luc	19	D.Q.	11 45
19	jeudi	s. Savinien	20	le 21 à 10	11 45
20	vend	s. Vendelin	21	h. 5 m.	11 44
21	sam	ste. Céline	22	du mat.	11 44
22	23 D	s. Mélaine	23		11 44
23	lundi	s. Hilarion	24		11 44
24	mard	s. Magloire	25	●	11 44
25	mere	s. Crép. s. Crépinien	26		11 44
26	jeudi	s. Lucien	27	N.L.	11 44
27	vend	s. Frumence vj.	28	le 29 à 11	11 43
28	sam	s. Simon et s. Jude	29	h. 42 m.	11 43
29	24 D	s. Narcisse	1	du mat.	11 43
30	lundi	s. Lucain	2		11 43
31	mard	s. Quentin vj.	3		11 43

DÉCEMBRE, LE CAPRICORNE. ♑

Le soleil entre dans le capricorne le 21 à 12 h. 0 m. *Hiver.*

			j. de lune	Phases de la lune	Midi vrai. h. m.
1	vend	s. Eloi. év.	4		11 49
2	sam	s. François-Xavier	5		11 49
3	1 D	s. Mirocle	6	☽	11 50
4	lundi	ste. Barbe	7	P. Q.	11 50
5	mard	s. Sabas	8	le 4 à 10	11 50
6	merc	s. Nicolas	9	h. 2 m.	11 51
7	jeudi	s. Ambroise	10	du soir.	11 51
8	vend	Concept. de la Vierge	11		11 52
9	sam	ste. Gorgonie	12		11 52
10	2 D	ste. Eulalie	13	○	11 53
11	lundi	s. Daniel	14	P. L.	11 53
12	mard	ste. Constance	15	le 12 à 2	11 54
13	merc	ste. Luce	16	h. 27 m.	11 54
14	jeudi	s. Nicaise	17	du mat.	11 54
15	vend	s. Valérien	18		11 55
16	sam	ste. Adélaïde	19		11 55
17	3 D	ste. Olympe	20		11 56
18	lundi	s. Gatien	21	☾	11 56
19	mard	s. Neuris	22	D. Q.	11 57
20	merc	ste. Pauline V. 41.	23	le 20 à 4	11 57
21	jeudi	s. Thomas	24	h. 22 m	11 58
22	vend	s. Ischyrion	25	du mat.	11 58
23	sam	ste Victoire V.J.	26		11 59
24	4 D	s. Yves	27		11 59
25	lundi	NOEL	28	●	0 0
26	mard	s. Etienne	29	N. L.	0 0
27	merc	s. Jean, ap. et év.	30	le 27 à 2	0 1
28	jeudi	Les ss. Innocents	1	h. 43 m.	0 1
29	vend	s. Thomas	2	du soir.	0 2
30	sam	s. Sabin	3		0 2
31	Dim	s. Sylvestre	4		0 3

BATEAUX A VAPEUR,
QUAI DES MIRAMIONNES.

LE PARISIEN part tous les jours impairs à 7 heures du matin pour MONTEREAU. Il passe à *Corbeil*, *Melun*, *Valvin*, et arrive à *Montereau* à 6 heures et demie.

LA VILLE DE SENS part tous les jours à 8 heures pour CORBEIL, arrive à midi, repart à 2 heures, et est de retour à *Paris* à 4 heures et demie.

LE LUXOR alterne avec le *Parisien*, pour MONTEREAU, part tous les jours pairs à 7 heures, et arrive à 9 heures moins un quart à *Montereau*.

LE THÉODORE part à 7 heures un quart pour MELUN, arrive à 2 heures, repart à 2 heures et demie, et arrive à *Paris* à 7 heur. et demie.

L'HIRONDELLE part de Melun à 7 heures, arrive à *Paris* à 11 heures, et repart à midi pour *Melun*.

LA VILLE DE CORBEIL part de CORBEIL à 8 heures, arrive à *Paris* à 10 heures et demie, et repart à 2 heures pour *Corbeil*.

Le Retour à Florence.

Doux ciel de l'Italie,
Enfin tu m'es rendu,
O ma noble patrie!
N'ai-je pas tout perdu?
Ai-je encore un vieux père
Pour me bénir un jour,
Une sœur, une mère,
Pour fêter mon retour?   BIS.
   Terre chérie
    De l'Italie,
O ma patrie! je te revois;
   Plus de souffrance,
   Plein d'espérance,
Belle Florence, j'accours vers toi.

  Sur la rive étrangère
Où s'égaraient mes pas,
Que de fois, ô ma mère!
Je t'appelais, hélas!
Je voyais tes allarmes,
J'entendais tes regrets,

Si tu versais des larmes,
Comme toi je pleurais.
　　Terre chérie, etc.

L'éclat de l'opulence
Avait séduit mon cœur;
Mais sans l'indépendance
Il n'est pas de bonheur.
Dis-moi, riche campagne
Où j'ai reçu le jour,
Dis-moi si ma compagne
M'a gardé son amour.
　　Terre chérie, etc.

La Bouteille volée.

Sans bruit, dans ma retraite,
Hier l'amour pénétra,
Courut à ma cachette,
Et de mon vin s'empara.
Depuis lors ma voix sommeille;
Adieu tous mes joyeux sons..
Amour, rends-moi ma bouteille,
Ma bouteille et mes chansons.

Iris, dame et coquette,
A ce larcin l'a poussé.
Je n'ai plus la recette
Qui soulage un cœur blessé.
C'est pour gémir que je veille,
En proie aux jaloux soupçons.
Amour, etc.

Epicurien aimable
A verser frais m'invitant,
Un vieil ami de table
Me tend son verre en chantant;

Un autre vient à l'oreille,
Me demander des leçons.
Amour, etc.

Tant qu'Iris eut contre elle
Ce bon vin si regretté,
Grisette folle et belle,
Tenait mon cœur en gaîté.
Lison n'a point sa pareille
Pour vivre avec des garçons.
Amour, etc.

Mais le filou se livre :
Joyeux il vient à ma voix;
De mon vin il est ivre
Et n'en a bu que deux doigts.
Qu'Iris soit une merveille,
Je me ris de ses façons.
Amour, etc.

BÉRANGER.

Adieux d'un Conscrit.

Air du beau pays où je suis né.

REFRAIN.

J'emporte avec moi l'espérance
Et le désir de vous revoir;
Adieu ! je vais servir la France !
Adieu, mes amis, au revoir !

Viens dans mes bras, mère chérie,
Viens m'embrasser, je vais partir;
En combattant pour ma patrie
Je garderai ton souvenir.
Mais de la vie qui m'est si chère
Je la mets tout à mon pays.
Adieu, ma bonne et tendre mère,
Adieu, mes tendres et gais amis.
J'emporte, etc.

Sous ce beau toit que je regrette
Là je goûtais le vrai bonheur,
Entre les bras de ma Lisette;
Ah ! je sentais battre mon cœur.
Quel doux plaisir ! ah ! quelle ivresse !

Quel doux moment ! j'étais heureux !
En elle je vois de la tristesse,
Lui faisant mes derniers adieux.
J'emporte, etc.

Oui, chère amie, je te le jure,
Tu peux compter sur mon retour;
L'amitié pour toi sera pure,
Je reviendrai brûlant d'amour.
Mais si l'on attaquait la France,
Etant fidèle à mon drapeau,
Je combattrais pour sa défense.
Peut-être, hélas ! sera-t-il mon tombeau
J'emporte, etc.

Quel jour heureux pour moi, ma mère
Si je reviens dans mes foyers
En portant à ma boutonnière
Ce glorieux signe des guerriers !
Quel plus beau jour si ma Lisette
M'a toujours conservé son cœur !
L'hymen, au son de la musette,
Viendra partager mon bonheur.
J'emporte, etc.

Le Retour du petit Montagnard.

TYROLIENNE.

C'est le Tyrol, c'est ma belle patrie
Que je revois (BIS) à l'horizon lointain;
La voilà donc cette terre chérie
Qui pouvait seule embellir mon destin

    Enfant de la montagne,
    J'y retourne en chantant;
    La fatigue me gagne,
    Mais mon cœur est content,
    Oui, mon cœur est content.   BIS.
    Là là………………………

Adieu, fortune, aujourd'hui tes largesses
Dans les cités (BIS) n'arrêtent plus mes pas;
Mon cœur préfère à l'éclat des richesses

La liberté qui règne en nos climats.
　Enfant, etc.

　Oh! quel plaisir de revoir la chau‑
　　mière
Où mes regards (bis) ont essayé le jour,
Où j'ai grandi sous les yeux d'une mère
Où j'ai reçu tant de gages d'amour.
　Enfant, etc.

Laissez-moi walser avec eux.

CHANSONNETTE.

Quelle passe vive et légère,
Regardez comme ils sont heureux,
Ah! de grace, ma bonne mère,
Laissez-moi valser avec eux.

De la valse élégante
Le signal enchanteur
Est pour mon âme ardente
Le signal du bonheur.
   Quelle, etc.

Écoutez, écoutez
Cette valse charmante
Que vous aimez, que vous aimez
Et qui m'enchante.
En déployant leurs grâces,
Que ces groupes nouveaux
Dessinent sur leurs traces
De séduisants tableaux.

La beauté se colore
D'un doux incarnat,
Et c'est la valse encore
Qui double son éclat.
Avec sa révérence,
Ses poses, ses apprêts,
Jamais la contredanse
N'eut pour moi tant d'attraits.

D'ailleurs la modestie,
Dans ce riant séjour,
A la galanterie
Est unie en ce jour.
    Quelle, etc.

Le Rocher de St-Malo.

  A tout je préfère
 Le toit de ma mère,
 Mon rocher de Saint-Malo,
 Que l'on voit sur l'eau;
 A tout je préfère
 Le toit de ma mère,
 Mon rocher de Saint-Malo
 Que l'on voit sur l'eau,
 De loin sur l'eau.

Monsieur Duguay m'a dit : Pierre,
Veux-tu venir avec moi,
Tu seras l'homme de guerre
Montant la flotte du roi?
Va, laisse là ton hameau
Pour un grand vaisseau si beau.
  Non, non, je préfère
  A toute la terre
  Mon rocher de Saint-Malo.

 Après combats et Naufrages,
De simple mousse du roi

Tu deviens à l'abordage
Grand-Amiral comme moi.
Et tu verras les climats
Où vogue mon beau trois-mats.
    Non, etc.

Au lieu de vieillir sans gloire,
Comme un obscur paysan,
On meurt un jour de victoire,
Pour tombe on a l'Océan.
Et du brave le requin
Prend le corps pour son butin.
    Non, non, je préfère
    Qu'ici l'on m'enterre.
    Au rocher de Saint-Malo.

La Tabatière.

CHANSON ÉPISODIQUE.

Air de Williams.

Dans ses livres l'homme savant
Trouve, dit-on, le bien suprême,
L'artiste dans son instrument,
Le buveur dans le vin qu'il aime;
L'avare dans son coffre-fort
Voit le bonheur à sa manière,
Et moi je possède un trésor,
Un trésor dans ma tabatière.

Un jour certain amant priseur,
Près de l'objet de sa tendresse,
Voulant, dit-on, priser la fleur
D'une priseuse sa maîtresse,
Disait dans l'ardeur de ses feux :
Comme étant ma belle première,
Puisque nous prisons tous les deux,
Ouvre-moi donc ta tabatière.

Si Frédéric a, dans le nord,
Acquis des titres à la gloire,

C'est qu'il sut en bravant le sort
Souvent captiver la victoire.
Prisant l'élan d'un bon soldat
Et des Français l'humeur guerrière,
Il trouva plus d'un coup d'état
En puisant dans sa tabatière.

Napoléon, nommé le Grand
Pour sa valeur et son génie,
Admiré du vieux vétéran
Brilla d'une gloire infinie.
Sous lui triomphait le soldat,
Fier de marcher sous sa bannière,
Sitôt qu'il prenait au combat
Sa lorgnette ou sa tabatière.

Une affaire est faite à demi
Quand on ouvre la tabatière.
Pour adoucir un ennemi
Offrez-lui votre tabatière.
On rêve, on charme son esprit
En puisant dans sa tabatière ;
Plus d'un bon mot, d'un bon écrit
Est sorti d'une tabatière.

Le Meunier galant.

Tic tac, tic tac et tin tin tin,   BIS.
Au charmant bruit du moulin
Le meunier va gai son train.
Sur le bord de la rivière
Quand notre jeune meunière
Vient pour pêcher du poisson,
Bientôt j'attrappe une anguille
Qui tortille et qui frétille,
Et lui chante ma chanson.
  Tic, tac, etc.

Quand j'aperçois bergerette
Qui fait paître sur l'herbette
Nos agneaux et nos brebis,
Quand je la trouve gentille,
Je parle à la jeune fille,
Je l'embrasse et je lui dis :
  Tic, tac, etc.

Si je vois une bourgeoise
Au ton, à l'humeur courtoise,
Rêveuse en se promenant,
Poliment j'approche d'elle
Et lui dis : Mademoiselle,
Me voulez-vous pour amant?
  Tic tac, etc.

Quelle heureuse destinée,
Quand je porte une monnée
En l'absence du mari !
Que mon sort est agréable
Lorsque la femme est aimable
Et que son œil m'a souri.
 Tic tac, etc.

Mais si je vois bien musquée
Vieille à figure ridée
Qui me barre le chemin,
V'là qu'au nez je lui ricanne
Et je cours lâcher la vanne
Pour arrêter mon moulin.
 Tic tac, etc.

Au cabaret quand c'est fête
Je chante à rompre la tête
Et sais prendre mon plaisir.
Qu'on me blâme ou qu'on me fronde,
Après moi la fin du monde,
Jouir est mon seul desir.

MORAINVILLE.

PARIS, IMPRIMERIE DE STAHL,
Quai Napoléon, 33.

www.ingramcontent.com/pod-product-compliance
Lightning Source LLC
Chambersburg PA
CBHW070711050426
42451CB00008B/590